Koos Meinderts · Harrie Jekkers · Piet Grobler

Ballade vom Tod

Aus dem Niederländischen
von Rolf Erdorf

GERSTENBERG

Es war einst ein König, mächtig und groß,
den ließ seine Furcht vor dem Tod nicht mehr los.
Warum musste der Tod ihm das Leben verderben,
warum hatte er nur solche Angst vor dem Sterben?

Da bestellte der König die Gelehrten und Weisen
und ließ sie per Pferd oder Kutsche anreisen.
„Guten Tag, ihr Gelehrten", sprach der König sodann,
„mich drückt ein Problem, das kein Mensch lösen kann."
Der jüngste Gelehrte, ein recht eitler Fant,
sprach: „Fragt nur, mein König, Ihr macht mich gespannt!
Möchtet Ihr wissen, wie viel Sterne es gibt
oder was aller Sand in Arabien wiegt?
Oder wie sich die Leute der Steuer entziehn
oder wie …" Doch da unterbrach man ihn.

„Ach was!", sprach der König fast grüblerisch:
„Warum müssen wir sterben? Seht, das frag ich mich!"
Nicht einer der Gelehrten wäre darauf gekommen.
„Und wenn Ihr mich totschlagt …", sprach der jüngste beklommen.
Der älteste Weise nahm schließlich das Wort
und sprach: „Mein Herr König, es gibt Totschlag und Mord.
Andere Menschen ein Unglück fällt,
doch die meisten von uns gehen alt aus der Welt."
Gereizt sprach der König: „Das weiß ich schon lang,
doch was ist der Tod? Und was macht mich so bang?"
Der Klügste von allen sprach zum König ergeben:
„Vielleicht solltet Ihr lernen, mit dem Tod, Herr, zu leben?"

Der König sprang auf, vor Wut purpurrot,
und schrie: „Gebt mir Antwort: Was ist der Tod?"

Darauf ein Gelehrter entschieden: „Mir scheint:
Der Tod, das ist unser größter Feind.
Der Tod kommt und holt dich, der Tod fasst dich an,
ja, es gibt ihn leibhaftig, den Sensenmann.
Wir müssen ihn fangen, wir führen ihn ab.
Es lebe das Leben! Weg mit dem Grab!"
„Ach, der Tod", sprach der Klügste, „er ist nicht zu schlagen,
denn wer immer ihn anfasst, dem geht's an den Kragen!"

Doch dann kam dem König ein glänzender Plan.
Er sprach: „Ich weiß einen steinalten, todkranken Mann.
Er hat, schätze ich, noch ein Stündchen zu leben,
bis wahrscheinlich der Tod kommt, mit ihm zu entschweben.
Einen Glaskäfig baut um sein Bett; nicht zu sehn.
Und die Tür, die lasst einladend offen ihr stehn.
Ist der Tod einmal da und im Käfig drin,
schließen rasch wir die Tür und schon haben wir ihn!"

So ward's beschlossen und es ging Schlag auf Schlag.
Der Tod ward gefangen noch am selbigen Tag.
Hinter Glas hockte er, mit düsterem Blick,
lebendig und doch ein Museumsstück.

Noch nie war das Volk so glücklich wie jetzt.
Man feierte jahrelang unausgesetzt.
Doch irgendwann reizte das Feiern nicht mehr
und es mussten gefährliche Spiele her.

Bald hieß es von Türmen in Schluchten springen,
dann wieder mit Löwen und Wildschweinen ringen.
Man goss sich vergifteten Wein in den Leib
und führte auch Kriege zum Zeitvertreib.

Kein Mensch, der mehr starb; kein Mensch ging verloren,
doch wurden auch immer noch Kinder geboren.
Es ward voller und voller und ziemlich beengt,
man hat sogar Leute ins Meer abgedrängt.
Hundert Jahre darauf war alles wie Blei
und man sehnte die Ruhe des Grabes herbei.

Der König sann: Gut, mir ist nicht mehr bange,
doch alles ist öde und ich herrsche schon so lange.
Und wieder beriet er sich mit den Gelehrten
und sprach: „Welch ein Elend, was soll denn nun werden?"
Der jüngste, gut dreihundert Jahre alt, rief:
„Befreit doch den Tod! So geht alles schief!"
Doch der klügste Gelehrte sprach: „Und wer lässt ihn ziehn?
Denn wer aufmacht die Tür, ist als Erster dahin!"

Der König stand auf und sprach feierlich:
„So lasst mich es tun. Euch grüße ich!
Geheilt ist derweil meine Angst vor dem Tod.
Viel schlimmer doch deucht mich der Ewigkeit Not."

Er schritt hin zum Käfig, mächtig und groß,
da sank er dem hungrigen Tod in den Schoß.

„Es lebe der Tod!", rief das Volk überglücklich
und sie lebten noch lange und starben ... ja, glücklich!